La maison
La casa

Dictionnaire d'images bilingue pour enfants

Français-Italien

Richard Carlson

La porte

porta

La fenêtre
finestra

Le canapé

divano

La table basse
tavolo

Le tapis

tappeto

Le salon

soggiorno

Le rideau
tenda

La pendule
orologio

Le tableau
quadro

Le fauteuil

poltrona

La lampe
lampada

Les placards

armadietti

Les fleurs

fiori

La chaise
sedia

La table

tavolo

La salle à manger
sala da pranzo

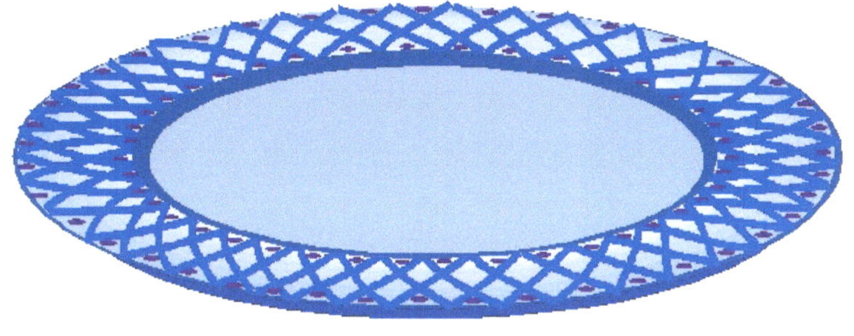

L'assiette

piatto

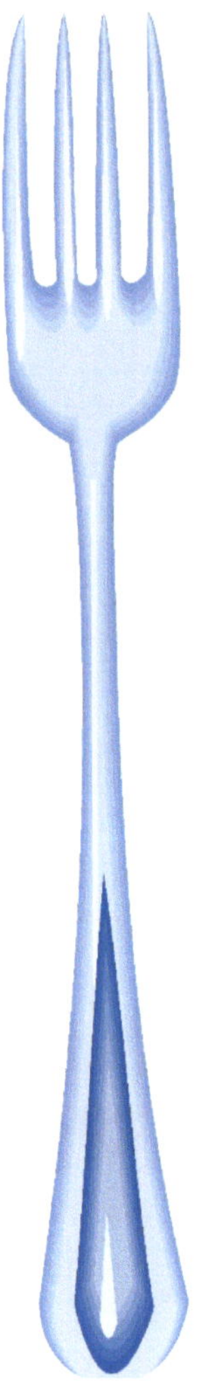

La fourchette
forchetta

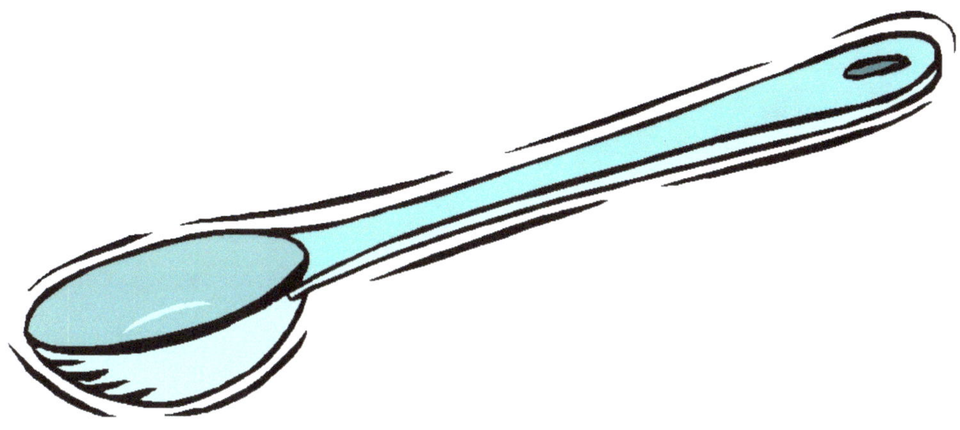

La cuillère

cucchiaio

Le couteau

coltello

Le verre
bicchiere

La tasse

tazza

La cuisine

cucina

Le four
forno

Le réfrigérateur
frigorifero

L'évier

lavandino

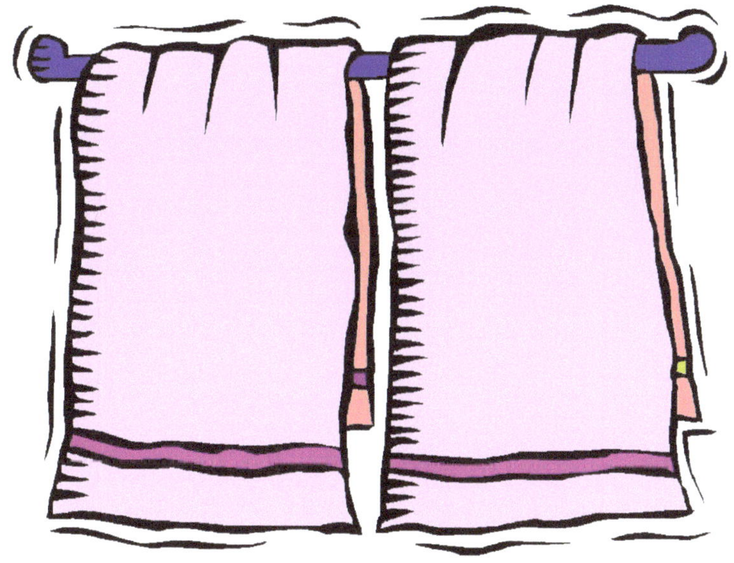

La serviette

asciugamano

La baignoire
vasca da bagno

La douche
doccia

La bibliothèque

libreria

Le lit

letto

La commode
cassettiera

La chambre
camera da letto

Le placard

armadio

Le berceau
lettino

La radio
radio

Le four à micro-ondes
forno a microonde

La poubelle
bidone della spazzatura

Apprenez des choses dans un dictionnaire d'images illustrant la maison.

À propos de l'auteur : Richard Carlson est auteur de livres bilingues pour enfants.
www.richardcarlson.com

www.ingramcontent.com/pod-product-compliance
Lightning Source LLC
Chambersburg PA
CBHW042059110726
48006CB00002B/462